**...A vos Jeux !**

# Carnet de Jeux vidéo

Lydia MONTIGNY

# Carnet de jeux vidéo

**Mentions légales**

© 2021 Lydia MONTIGNY

Éditeur : BoD-Books on Demand
12-14 rond-point des Champs-Élysées, 75008 Paris
Impression : Books on Demand, Norderstedt, Allemagne

ISBN : 978-2-3223-9717-4
Dépôt légal : Septembre 2021

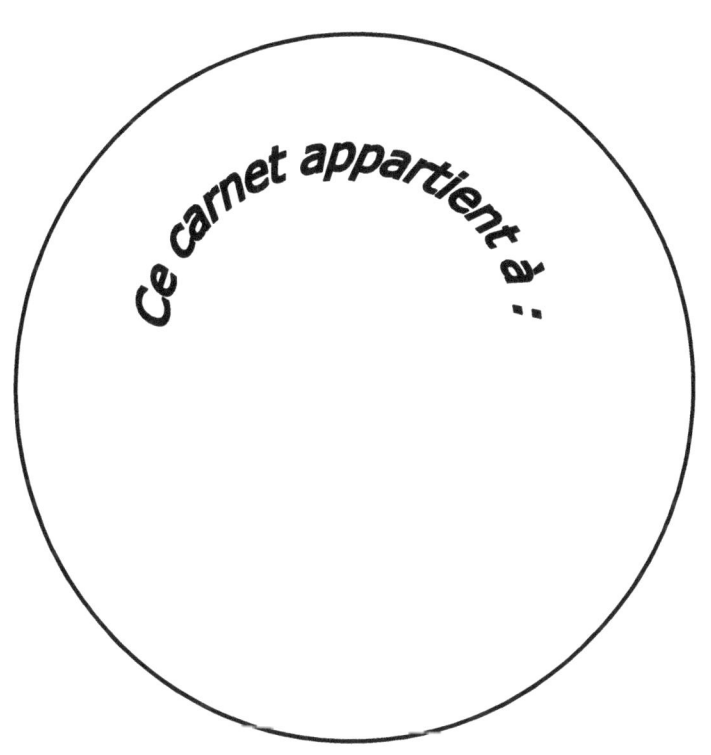

**TITRE** :......................................................................................

Genre :...........................................................................
Date : ........... /........... /...........
Editeur :..........................................................................
Plateforme :....................................................................
Consoles/PC/Virtuel :.................................................
Public légal : ........... ans      Public conseillé : ........... ans
Niveau :..........................................................................
Durée : ........... H ...........
Nombre de Joueurs : ...........
Lien Site Internet :........................................................
Accessoires :..................................................................
.......................................................................................
Produits dérivés :..........................................................
.......................................................................................
.......................................................................................
.......................................................................................
.......................................................................................
NOTE : ........... / 10

ASTUCES :……………………………………………………………………
………………………………………………………………………………………
………………………………………………………………………………………
………………………………………………………………………………………
………………………………………………………………………………………
………………………………………………………………………………………
………………………………………………………………………………………
………………………………………………………………………………………
………………………………………………………………………………………
………………………………………………………………………………………
………………………………………………………………………………………
………………………………………………………………………………………
………………………………………………………………………………………
………………………………………………………………………………………

Les Plus :……………………………………………………………………
………………………………………………………………………………………

Les Moins ……………………………………………………………………
………………………………………………………………………………………

**TITRE** :..................................................................................

Genre :...................................................................................
Date : ………. /………. /……….
Editeur :.................................................................................
Plateforme :..........................................................................
Consoles/PC/Virtuel :...........................................................
Public légal : ………. ans    Public conseillé : ………. ans
Niveau :.................................................................................
Durée : ………. H ……….
Nombre de Joueurs : ……….
Lien Site Internet :................................................................
Accessoires :.........................................................................
................................................................................................
Produits dérivés :..................................................................
................................................................................................
................................................................................................
................................................................................................
................................................................................................
NOTE : ………. / 10

ASTUCES : ………………………………………………………………………
……………………………………………………………………………………….
……………………………………………………………………………………….
………………………………………………………………………………………..
………………………………………………………………………………………..
………………………………………………………………………………………..
………………………………………………………………………………………..
………………………………………………………………………………………..
………………………………………………………………………………………..
………………………………………………………………………………………..
………………………………………………………………………………………..
………………………………………………………………………………………..
………………………………………………………………………………………..
………………………………………………………………………………………..

Les Plus : ………………………………………………………………………
………………………………………………………………………………………..

Les Moins ………………………………………………………………………
………………………………………………………………………………………..

**TITRE :**............................................................................

Genre :.............................................................................
Date : ………. /………. /……….
Editeur :...........................................................................
Plateforme :....................................................................
Consoles/PC/Virtuel :....................................................
Public légal : ………. ans        Public conseillé : ………. ans
Niveau :............................................................................
Durée : ………. H ……….
Nombre de Joueurs : ……….
Lien Site Internet :........................................................
Accessoires :..................................................................
........................................................................................
Produits dérivés :..........................................................
........................................................................................
........................................................................................
........................................................................................
........................................................................................
NOTE : ………. / 10

ASTUCES :…………………………………………………………………
……………………………………………………………………………………
……………………………………………………………………………………
……………………………………………………………………………………
……………………………………………………………………………………
……………………………………………………………………………………
……………………………………………………………………………………
……………………………………………………………………………………
……………………………………………………………………………………
……………………………………………………………………………………
……………………………………………………………………………………
……………………………………………………………………………………
……………………………………………………………………………………
……………………………………………………………………………………

Les Plus :……………………………………………………………………
……………………………………………………………………………………

Les Moins …………………………………………………………………
……………………………………………………………………………………

**TITRE :**..................................................................

Genre :......................................................................
Date : ………. /………. /……….
Editeur :....................................................................
Plateforme :..............................................................
Consoles/PC/Virtuel :................................................
Public légal : ………. ans     Public conseillé : ………. ans
Niveau :.....................................................................
Durée : ………. H ……….
Nombre de Joueurs : ……….
Lien Site Internet :....................................................
Accessoires :.............................................................
..................................................................................
Produits dérivés :......................................................
..................................................................................
..................................................................................
..................................................................................
..................................................................................
NOTE : ………. / 10

ASTUCES : ……………………………………………………………………
………………………………………………………………………………………
………………………………………………………………………………………
………………………………………………………………………………………
………………………………………………………………………………………
………………………………………………………………………………………
………………………………………………………………………………………
………………………………………………………………………………………
………………………………………………………………………………………
………………………………………………………………………………………
………………………………………………………………………………………
………………………………………………………………………………………
………………………………………………………………………………………
………………………………………………………………………………………

Les Plus : ……………………………………………………………………
………………………………………………………………………………………

Les Moins ……………………………………………………………………
………………………………………………………………………………………

**TITRE** :..........................................................................

Genre :...........................................................................
Date : ………. /………. /……….
Editeur :.........................................................................
Plateforme :..................................................................
Consoles/PC/Virtuel :....................................................
Public légal : ………. ans   Public conseillé : ………. ans
Niveau :.........................................................................
Durée : ………. H ……….
Nombre de Joueurs : ……….
Lien Site Internet :........................................................
Accessoires :.................................................................
......................................................................................
Produits dérivés :.........................................................
......................................................................................
......................................................................................
......................................................................................
......................................................................................
NOTE : ………. / 10

ASTUCES :……………………………………………………………………

………………………………………………………………………………………….

………………………………………………………………………………………….

…………………………………………………………………………………………..

……………………………………………………………………………………………..

…………………………………………………………………………………………..

……………………………………………………………………………………………

……………………………………………………………………………………………

…………………………………………………………………………………………….

……………………………………………………………………………………………

……………………………………………………………………………………………

…………………………………………………………………………………………….

……………………………………………………………………………………………..

…………………………………………………………………………………………….

Les Plus :………………………………………………………………………

……………………………………………………………………………………….

Les Moins ………………………………………………………………………

………………………………………………………………………………………….

**TITRE :**................................................................................

Genre :....................................................................................
Date : ………. /………. /……….
Editeur :..................................................................................
Plateforme :............................................................................
Consoles/PC/Virtuel :..............................................................
Public légal : ………. ans    Public conseillé : ………. ans
Niveau :...................................................................................
Durée : ………. H ……….
Nombre de Joueurs : ……….
Lien Site Internet :..................................................................
Accessoires :...........................................................................
................................................................................................
Produits dérivés :....................................................................
................................................................................................
................................................................................................
................................................................................................
................................................................................................
NOTE : ………. / 10

ASTUCES :………………………………………………………………………

………………………………………………………………………………….

………………………………………………………………………………….

……………………………………………………………………………………

…………………………………………………………………………………….

………………………………………………………………………………….

………………………………………………………………………………….

…………………………………………………………………………………..

…………………………………………………………………………………..

…………………………………………………………………………………..

…………………………………………………………………………………..

…………………………………………………………………………………..

………………………………………………………………………………….

…………………………………………………………………………………..

Les Plus :……………………………………………………………….

………………………………………………………………………………….

Les Moins ………………………………………………………………

………………………………………………………………………………….

**TITRE** :………………………………………………………………….

Genre :………………………………………………………………………
Date : ………. /………. /……….
Editeur :……………………………………………………………………
Plateforme :………………………………………………………………
Consoles/PC/Virtuel :………………………………………………….
Public légal : ………. ans     Public conseillé : ………. ans
Niveau :……………………………………………………………………….
Durée : ………. H ……….
Nombre de Joueurs : ……….
Lien Site Internet :……………………………………………………
Accessoires :……………………………………………………………
………………………………………………………………………………
Produits dérivés :………………………………………………………
………………………………………………………………………………
………………………………………………………………………………
………………………………………………………………………………
………………………………………………………………………………
NOTE : ………. / 10

ASTUCES :……………………………………………………………

………………………………………………………………………………

………………………………………………………………………………

………………………………………………………………………………

………………………………………………………………………………

………………………………………………………………………………

………………………………………………………………………………

………………………………………………………………………………

………………………………………………………………………………

………………………………………………………………………………

………………………………………………………………………………

………………………………………………………………………………

………………………………………………………………………………

………………………………………………………………………………

Les Plus :………………………………………………………………

………………………………………………………………………………

Les Moins ………………………………………………………………

………………………………………………………………………………

**TITRE** :………………………………………………………………………..

Genre :………………………………………………………………………
Date : ………. /………. /……….
Editeur :……………………………………………………………………
Plateforme :………………………………………………………………
Consoles/PC/Virtuel :…………………………………………………
Public légal : ………. ans    Public conseillé : ………. ans
Niveau :……………………………………………………………………..
Durée : ………. H ……….
Nombre de Joueurs : ……….
Lien Site Internet :……………………………………………………
Accessoires :……………………………………………………………
………………………………………………………………………………….
Produits dérivés :………………………………………………………
………………………………………………………………………………….
………………………………………………………………………………….
………………………………………………………………………………….
………………………………………………………………………………….
NOTE : ………. / 10

ASTUCES :………………………………………………………………………
……………………………………………………………………………………….
……………………………………………………………………………………….
………………………………………………………………………………………..
……………………………………………………………………………………..
………………………………………………………………………………………..
………………………………………………………………………………………..
……………………………………………………………………………………….
………………………………………………………………………………………..
……………………………………………………………………………………..
……………………………………………………………………………………….
………………………………………………………………………………………
……………………………………………………………………………………….
……………………………………………………………………………………….

Les Plus :……………………………………………………………………
……………………………………………………………………………………….
Les Moins …………………………………………………………………..
……………………………………………………………………………………….

**TITRE** :……………………………………………………………..

Genre :………………………………………………………………………

Date : ………. /………. /……….

Editeur :……………………………………………………………………

Plateforme :………………………………………………………………

Consoles/PC/Virtuel :…………………………………………………

Public légal : ………. ans    Public conseillé : ………. ans

Niveau :……………………………………………………………………..

Durée : ………. H ……….

Nombre de Joueurs : ……….

Lien Site Internet :………………………………………………………

Accessoires :………………………………………………………………

……………………………………………………………………………………

Produits dérivés :………………………………………………………

……………………………………………………………………………………
……………………………………………………………………………………
……………………………………………………………………………………
……………………………………………………………………………………

NOTE : ………. / 10

ASTUCES :……………………………………………………………………

………………………………………………………………………………….
………………………………………………………………………………….
…………………………………………………………………………………..
……………………………………………………………………………………
…………………………………………………………………………………..
…………………………………………………………………………………..
…………………………………………………………………………………..
…………………………………………………………………………………..
…………………………………………………………………………………..
…………………………………………………………………………………..
…………………………………………………………………………………..
…………………………………………………………………………………..
…………………………………………………………………………………..
………………………………………………………………………………….

Les Plus :………………………………………………………………….

…………………………………………………………………………………

Les Moins ………………………………………………………………

…………………………………………………………………………………

**TITRE :**..................................................................

Genre :.....................................................................
Date : ………. /………. /……….
Editeur :...................................................................
Plateforme :.............................................................
Consoles/PC/Virtuel :.............................................
Public légal : ………. ans       Public conseillé : ………. ans
Niveau :....................................................................
Durée : ………. H ……….
Nombre de Joueurs : ……….
Lien Site Internet :..................................................
Accessoires :............................................................
..................................................................................
Produits dérivés :....................................................
..................................................................................
..................................................................................
..................................................................................
..................................................................................
NOTE : ………. / 10

ASTUCES :………………………………………………………………

………………………………………………………………………………

………………………………………………………………………………

………………………………………………………………………………

………………………………………………………………………………

………………………………………………………………………………

………………………………………………………………………………

………………………………………………………………………………

………………………………………………………………………………

………………………………………………………………………………

………………………………………………………………………………

………………………………………………………………………………

………………………………………………………………………………

………………………………………………………………………………

Les Plus :………………………………………………………………

………………………………………………………………………………

Les Moins ………………………………………………………………

………………………………………………………………………………

**TITRE** : ..............................................................................

Genre : ...........................................................................
Date : ........... / ........... / ...........
Editeur : .........................................................................
Plateforme : ....................................................................
Consoles/PC/Virtuel : .......................................................
Public légal : ........... ans      Public conseillé : ........... ans
Niveau : ..........................................................................
Durée : ........... H ...........
Nombre de Joueurs : ...........
Lien Site Internet : ............................................................
Accessoires : ....................................................................
..........................................................................................
Produits dérivés : .............................................................
..........................................................................................
..........................................................................................
..........................................................................................
..........................................................................................

NOTE : ........... / 10

ASTUCES : ..............................................................................
................................................................................................
................................................................................................
................................................................................................
................................................................................................
................................................................................................
................................................................................................
................................................................................................
................................................................................................
................................................................................................
................................................................................................
................................................................................................
................................................................................................
................................................................................................

Les Plus : ............................................................................
................................................................................................

Les Moins ............................................................................
................................................................................................

**TITRE :**……………………………………………………………..

Genre :………………………………………………………………………

Date : ………. / ………. / ……….

Editeur :……………………………………………………………………

Plateforme :………………………………………………………………

Consoles/PC/Virtuel :…………………………………………………

Public légal : ………. ans     Public conseillé : ………. ans

Niveau :……………………………………………………………………..

Durée : ………. H ……….

Nombre de Joueurs : ……….

Lien Site Internet :……………………………………………………

Accessoires :…………………………………………………………….

……………………………………………………………………………………

Produits dérivés :………………………………………………………

……………………………………………………………………………………
……………………………………………………………………………………
……………………………………………………………………………………
……………………………………………………………………………………

NOTE : ………. / 10

ASTUCES :………………………………………………………………

………………………………………………………………………………
………………………………………………………………………………
………………………………………………………………………………
………………………………………………………………………………
………………………………………………………………………………
………………………………………………………………………………
………………………………………………………………………………
………………………………………………………………………………
………………………………………………………………………………
………………………………………………………………………………
………………………………………………………………………………
………………………………………………………………………………
………………………………………………………………………………

Les Plus :……………………………………………………………

………………………………………………………………………………

Les Moins ……………………………………………………………

………………………………………………………………………………

**TITRE :**..................................................................................

Genre :.....................................................................................
Date : ………. /………. /……….
Editeur :...................................................................................
Plateforme :............................................................................
Consoles/PC/Virtuel :..............................................................
Public légal : ………. ans    Public conseillé : ………. ans
Niveau :....................................................................................
Durée : ………. H ……….
Nombre de Joueurs : ……….
Lien Site Internet :...................................................................
Accessoires :............................................................................
..................................................................................................
Produits dérivés :....................................................................
..................................................................................................
..................................................................................................
..................................................................................................
..................................................................................................
NOTE : ………. / 10

ASTUCES : …………………………………………………………………………

……………………………………………………………………………………………

……………………………………………………………………………………………

……………………………………………………………………………………………

……………………………………………………………………………………………

……………………………………………………………………………………………

……………………………………………………………………………………………

……………………………………………………………………………………………

……………………………………………………………………………………………

……………………………………………………………………………………………

……………………………………………………………………………………………

……………………………………………………………………………………………

……………………………………………………………………………………………

Les Plus : …………………………………………………………………………

……………………………………………………………………………………………

Les Moins …………………………………………………………………………

……………………………………………………………………………………………

**TITRE :**..................................................................

Genre :............................................................................

Date : ………. /………. /……….

Editeur :.........................................................................

Plateforme :...................................................................

Consoles/PC/Virtuel :....................................................

Public légal : ………. ans    Public conseillé : ………. ans

Niveau :..........................................................................

Durée : ………. H ……….

Nombre de Joueurs : ……….

Lien Site Internet :........................................................

Accessoires :.................................................................

........................................................................................

Produits dérivés :..........................................................

........................................................................................
........................................................................................
........................................................................................
........................................................................................

NOTE : ………. / 10

ASTUCES :……………………………………………………………………
………………………………………………………………………………………
………………………………………………………………………………………
………………………………………………………………………………………
………………………………………………………………………………………
………………………………………………………………………………………
………………………………………………………………………………………
………………………………………………………………………………………
………………………………………………………………………………………
………………………………………………………………………………………
………………………………………………………………………………………
………………………………………………………………………………………
………………………………………………………………………………………
………………………………………………………………………………………

Les Plus :……………………………………………………………………
………………………………………………………………………………………

Les Moins ……………………………………………………………………
………………………………………………………………………………………

**TITRE :**………………………………………………………………….

Genre :……………………………………………………………………

Date : ………. /………. /……….

Editeur :………………………………………………………………

Plateforme :…………………………………………………………

Consoles/PC/Virtuel :……………………………………………..

Public légal : ………. ans      Public conseillé : ………. ans

Niveau :………………………………………………………………….

Durée : ………. H ……….

Nombre de Joueurs : ……….

Lien Site Internet :………………………………………………..

Accessoires :……………………………………………………….
…………………………………………………………………………….

Produits dérivés :…………………………………………………
…………………………………………………………………………….
…………………………………………………………………………….
…………………………………………………………………………….
…………………………………………………………………………….

NOTE : ………. / 10

ASTUCES :………………………………………………………………
……………………………………………………………………………
……………………………………………………………………………
……………………………………………………………………………
……………………………………………………………………………
……………………………………………………………………………
……………………………………………………………………………
……………………………………………………………………………
……………………………………………………………………………
……………………………………………………………………………
……………………………………………………………………………
……………………………………………………………………………
……………………………………………………………………………

Les Plus :………………………………………………………………
……………………………………………………………………………
Les Moins ………………………………………………………………
……………………………………………………………………………

**TITRE :**..................................................................

Genre :.....................................................................
Date : ………. /………. /……….
Editeur :....................................................................
Plateforme :..............................................................
Consoles/PC/Virtuel :................................................
Public légal : ………. ans     Public conseillé : ………. ans
Niveau :.....................................................................
Durée : ………. H ……….
Nombre de Joueurs : ……….
Lien Site Internet :....................................................
Accessoires :.............................................................
..................................................................................
Produits dérivés :.....................................................
..................................................................................
..................................................................................
..................................................................................
..................................................................................
NOTE : ………. / 10

ASTUCES :……………………………………………………………………

……………………………………………………………………………………

……………………………………………………………………………………

……………………………………………………………………………………

……………………………………………………………………………………

……………………………………………………………………………………

……………………………………………………………………………………

……………………………………………………………………………………

……………………………………………………………………………………

……………………………………………………………………………………

……………………………………………………………………………………

……………………………………………………………………………………

……………………………………………………………………………………

……………………………………………………………………………………

Les Plus :……………………………………………………………………

……………………………………………………………………………………

Les Moins ……………………………………………………………………

……………………………………………………………………………………

**TITRE** :………………………………………………………………………..

Genre :………………………………………………………………………
Date : ………. /………. /……….
Editeur :……………………………………………………………………
Plateforme :………………………………………………………………
Consoles/PC/Virtuel :…………………………………………………..
Public légal : ………. ans     Public conseillé : ………. ans
Niveau :……………………………………………………………………..
Durée : ………. H ……….
Nombre de Joueurs : ……….
Lien Site Internet :……………………………………………………
Accessoires :……………………………………………………………
……………………………………………………………………………………
Produits dérivés :………………………………………………………
……………………………………………………………………………………
……………………………………………………………………………………
……………………………………………………………………………………
……………………………………………………………………………………
NOTE : ………. / 10

ASTUCES : ……………………………………………………………………

……………………………………………………………………………………

……………………………………………………………………………………

……………………………………………………………………………………

……………………………………………………………………………………

……………………………………………………………………………………

……………………………………………………………………………………

……………………………………………………………………………………

……………………………………………………………………………………

……………………………………………………………………………………

……………………………………………………………………………………

……………………………………………………………………………………

……………………………………………………………………………………

……………………………………………………………………………………

Les Plus : …………………………………………………………………

……………………………………………………………………………………

Les Moins ……………………………………………………………………

……………………………………………………………………………………

**TITRE** :............................................................................

Genre :..............................................................................
Date : ………. /………. /……….
Editeur :............................................................................
Plateforme :.....................................................................
Consoles/PC/Virtuel :......................................................
Public légal : ………. ans     Public conseillé : ………. ans
Niveau :.............................................................................
Durée : ………. H ……….
Nombre de Joueurs : ……….
Lien Site Internet :...........................................................
Accessoires :....................................................................
............................................................................................
Produits dérivés :.............................................................
............................................................................................
............................................................................................
............................................................................................
............................................................................................
NOTE : ………. / 10

ASTUCES : …………………………………………………………………………

………………………………………………………………………………………………

………………………………………………………………………………………………

………………………………………………………………………………………………

………………………………………………………………………………………………

………………………………………………………………………………………………

………………………………………………………………………………………………

………………………………………………………………………………………………

………………………………………………………………………………………………

………………………………………………………………………………………………

………………………………………………………………………………………………

………………………………………………………………………………………………

………………………………………………………………………………………………

………………………………………………………………………………………………

Les Plus : ……………………………………………………………………………

………………………………………………………………………………………………

Les Moins ……………………………………………………………………………

………………………………………………………………………………………………

**TITRE :**...................................................................

Genre :......................................................................
Date : ………. /………. /……….
Editeur :....................................................................
Plateforme :..............................................................
Consoles/PC/Virtuel :................................................
Public légal : ………. ans     Public conseillé : ………. ans
Niveau :.....................................................................
Durée : ………. H ……….
Nombre de Joueurs : ……….
Lien Site Internet :....................................................
Accessoires :.............................................................
...................................................................................
Produits dérivés :.....................................................
...................................................................................
...................................................................................
...................................................................................
...................................................................................

NOTE : ………. / 10

ASTUCES :……………………………………………………………………

………………………………………………………………………………………

………………………………………………………………………………………

………………………………………………………………………………………

………………………………………………………………………………………

………………………………………………………………………………………

………………………………………………………………………………………

………………………………………………………………………………………

………………………………………………………………………………………

………………………………………………………………………………………

………………………………………………………………………………………

………………………………………………………………………………………

………………………………………………………………………………………

………………………………………………………………………………………

Les Plus :……………………………………………………………………

………………………………………………………………………………………

Les Moins ……………………………………………………………………

………………………………………………………………………………………

**TITRE** :………………………………………………………………..

Genre :………………………………………………………………………
Date : ………. /………. /……….
Editeur :……………………………………………………………………
Plateforme :………………………………………………………………
Consoles/PC/Virtuel :………………………………………………….
Public légal : ………. ans    Public conseillé : ………. ans
Niveau :…………………………………………………………………….
Durée : ………. H ……….
Nombre de Joueurs : ……….
Lien Site Internet :……………………………………………………
Accessoires :……………………………………………………………
……………………………………………………………………………………
Produits dérivés :……………………………………………………
……………………………………………………………………………………
……………………………………………………………………………………
……………………………………………………………………………………
……………………………………………………………………………………
NOTE : ………. / 10

ASTUCES : ……………………………………………………………………
………………………………………………………………………………………….
………………………………………………………………………………………….
………………………………………………………………………………………….
………………………………………………………………………………………….
………………………………………………………………………………………….
………………………………………………………………………………………….
………………………………………………………………………………………….
………………………………………………………………………………………….
………………………………………………………………………………………….
………………………………………………………………………………………….
………………………………………………………………………………………….
………………………………………………………………………………………….
………………………………………………………………………………………….
………………………………………………………………………………………….

Les Plus : …………………………………………………………………….
………………………………………………………………………………………….

Les Moins …………………………………………………………………….
………………………………………………………………………………….

**TITRE :**....................................................................

Genre :......................................................................
Date : ………. /………. /……….
Editeur :....................................................................
Plateforme :..............................................................
Consoles/PC/Virtuel :................................................
Public légal : ……….. ans     Public conseillé : ……….. ans
Niveau :.....................................................................
Durée : ……….. H ………..
Nombre de Joueurs : ………..
Lien Site Internet :....................................................
Accessoires :.............................................................
..................................................................................
Produits dérivés :......................................................
..................................................................................
..................................................................................
..................................................................................
..................................................................................
NOTE : ……….. / 10

ASTUCES :………………………………………………………………………
………………………………………………………………………………………
………………………………………………………………………………………
………………………………………………………………………………………
………………………………………………………………………………………
………………………………………………………………………………………
………………………………………………………………………………………
………………………………………………………………………………………
………………………………………………………………………………………
………………………………………………………………………………………
………………………………………………………………………………………
………………………………………………………………………………………
………………………………………………………………………………………
………………………………………………………………………………………

Les Plus :………………………………………………………………………
………………………………………………………………………………………
Les Moins …………………………………………………………………
………………………………………………………………………………………

**TITRE** :..................................................................................

Genre :....................................................................................
Date : ………. /………. /……….
Editeur :..................................................................................
Plateforme :............................................................................
Consoles/PC/Virtuel :.............................................................
Public légal : ………. ans     Public conseillé : ………. ans
Niveau :...................................................................................
Durée : ………. H ……….
Nombre de Joueurs : ……….
Lien Site Internet :..................................................................
Accessoires :...........................................................................
..................................................................................................
Produits dérivés :....................................................................
..................................................................................................
..................................................................................................
..................................................................................................
..................................................................................................

NOTE : ………. / 10

ASTUCES :……………………………………………………………………
……………………………………………………………………………………
……………………………………………………………………………………
……………………………………………………………………………………
……………………………………………………………………………………
……………………………………………………………………………………
……………………………………………………………………………………
……………………………………………………………………………………
……………………………………………………………………………………
……………………………………………………………………………………
……………………………………………………………………………………
……………………………………………………………………………………
……………………………………………………………………………………
……………………………………………………………………………………

Les Plus :……………………………………………………………………
……………………………………………………………………………………

Les Moins …………………………………………………………………
……………………………………………………………………………………

**TITRE** :...................................................................................

Genre :......................................................................................
Date : ………. /………. /……….
Editeur :....................................................................................
Plateforme :..............................................................................
Consoles/PC/Virtuel :...............................................................
Public légal : ………. ans    Public conseillé : ………. ans
Niveau :.....................................................................................
Durée : ………. H ……….
Nombre de Joueurs : ……….
Lien Site Internet :....................................................................
Accessoires :.............................................................................
..................................................................................................
Produits dérivés :......................................................................
..................................................................................................
..................................................................................................
..................................................................................................
..................................................................................................

NOTE : ………. / 10

ASTUCES : ……………………………………………………………………
……………………………………………………………………………………….
……………………………………………………………………………………….
………………………………………………………………………………………..
………………………………………………………………………………………..
……………………………………………………………………………………….
……………………………………………………………………………………….
……………………………………………………………………………………….
……………………………………………………………………………………….
……………………………………………………………………………………….
……………………………………………………………………………………….
……………………………………………………………………………………….
……………………………………………………………………………………….
……………………………………………………………………………………….
……………………………………………………………………………………….
……………………………………………………………………………………….

Les Plus : …………………………………………………………………….
……………………………………………………………………………………….

Les Moins ……………………………………………………………………
……………………………………………………………………………………….

**TITRE :**......................................................................

Genre :............................................................................
Date : ………. /………. /……….
Editeur :..........................................................................
Plateforme :...................................................................
Consoles/PC/Virtuel :.....................................................
Public légal : ………. ans   Public conseillé : ………. ans
Niveau :..........................................................................
Durée : ………. H ……….
Nombre de Joueurs : ……….
Lien Site Internet :........................................................
Accessoires :..................................................................
......................................................................................
Produits dérivés :..........................................................
......................................................................................
......................................................................................
......................................................................................
......................................................................................

NOTE : ………. / 10

ASTUCES :………………………………………………………………………
……………………………………………………………………………………
……………………………………………………………………………………
……………………………………………………………………………………
……………………………………………………………………………………
……………………………………………………………………………………
……………………………………………………………………………………
……………………………………………………………………………………
……………………………………………………………………………………
……………………………………………………………………………………
……………………………………………………………………………………
……………………………………………………………………………………
……………………………………………………………………………………
……………………………………………………………………………………

Les Plus :……………………………………………………………………
……………………………………………………………………………………

Les Moins …………………………………………………………………
……………………………………………………………………………

**TITRE** :............................................................................

Genre :.................................................................................
Date : ............ /............ /............
Editeur :...............................................................................
Plateforme :..........................................................................
Consoles/PC/Virtuel :............................................................
Public légal : ............ ans       Public conseillé : ............ ans
Niveau :................................................................................
Durée : ............ H ............
Nombre de Joueurs : ............
Lien Site Internet :................................................................
Accessoires :.........................................................................
............................................................................................
Produits dérivés :..................................................................
............................................................................................
............................................................................................
............................................................................................
............................................................................................

NOTE : ............ / 10

ASTUCES :……………………………………………………………………

………………………………………………………………………………….

………………………………………………………………………………….

…………………………………………………………………………………..

………………………………………………………………………………..

………………………………………………………………………………….

………………………………………………………………………………….

………………………………………………………………………………….

………………………………………………………………………………….

………………………………………………………………………………..

…………………………………………………………………………………..

………………………………………………………………………………..

………………………………………………………………………………..

…………………………………………………………………………………

Les Plus :……………………………………………………………………

………………………………………………………………………………….

Les Moins …………………………………………………………………

…………………………………………………………………………………

**TITRE** :……………………………………………………………………….

Genre :……………………………………………………………………….

Date : ………. /………. /……….

Editeur :……………………………………………………………………

Plateforme :………………………………………………………………

Consoles/PC/Virtuel :………………………………………………..

Public légal : ………. ans    Public conseillé : ………. ans

Niveau :………………………………………………………………………

Durée : ………. H ……….

Nombre de Joueurs : ……….

Lien Site Internet :……………………………………………………

Accessoires :……………………………………………………………..

………………………………………………………………………………….

Produits dérivés :………………………………………………………

………………………………………………………………………………….
………………………………………………………………………………….
………………………………………………………………………………….
………………………………………………………………………………….

NOTE : ………. / 10

ASTUCES : ………………………………………………………………

………………………………………………………………………………….

………………………………………………………………………………….

…………………………………………………………………………………

………………………………………………………………………………….

………………………………………………………………………………….

………………………………………………………………………………….

………………………………………………………………………………….

………………………………………………………………………………….

………………………………………………………………………………….

………………………………………………………………………………….

………………………………………………………………………………….

………………………………………………………………………………….

………………………………………………………………………………….

………………………………………………………………………………….

Les Plus : ……………………………………………………………….

………………………………………………………………………………….

Les Moins ………………………………………………………………

………………………………………………………………………………….

**TITRE :**………………………………………………………………..

Genre :………………………………………………………………….

Date : ………. /………. /……….

Editeur :………………………………………………………………..

Plateforme :……………………………………………………………

Consoles/PC/Virtuel :………………………………………………

Public légal : ………. ans    Public conseillé : ………. ans

Niveau :…………………………………………………………………..

Durée : ………. H ……….

Nombre de Joueurs : ……….

Lien Site Internet :…………………………………………………

Accessoires :………………………………………………………….

……………………………………………………………………………..

Produits dérivés :……………………………………………………

……………………………………………………………………………..
……………………………………………………………………………..
……………………………………………………………………………..
……………………………………………………………………………..

NOTE : ………. / 10

ASTUCES : ……………………………………………………………………

………………………………………………………………………………………

………………………………………………………………………………………

………………………………………………………………………………………

………………………………………………………………………………………

………………………………………………………………………………………

………………………………………………………………………………………

………………………………………………………………………………………

………………………………………………………………………………………

………………………………………………………………………………………

………………………………………………………………………………………

………………………………………………………………………………………

………………………………………………………………………………………

………………………………………………………………………………………

Les Plus : …………………………………………………………………………

………………………………………………………………………………………

Les Moins …………………………………………………………………………

………………………………………………………………………………………

**TITRE** :............................................................................

Genre :..............................................................................
Date : ………. /………. /……….
Editeur :............................................................................
Plateforme :......................................................................
Consoles/PC/Virtuel :........................................................
Public légal : ………. ans    Public conseillé : ………. ans
Niveau :.............................................................................
Durée : ………. H ……….
Nombre de Joueurs : ……….
Lien Site Internet :............................................................
Accessoires :.....................................................................
............................................................................................
Produits dérivés :..............................................................
............................................................................................
............................................................................................
............................................................................................
............................................................................................
NOTE : ………. / 10

ASTUCES :……………………………………………………………………

………………………………………………………………………………………

………………………………………………………………………………………

………………………………………………………………………………………

………………………………………………………………………………………

………………………………………………………………………………………

………………………………………………………………………………………

………………………………………………………………………………………

………………………………………………………………………………………

………………………………………………………………………………………

………………………………………………………………………………………

………………………………………………………………………………………

………………………………………………………………………………………

………………………………………………………………………………………

Les Plus :……………………………………………………………………

………………………………………………………………………………………

Les Moins ……………………………………………………………………

………………………………………………………………………………………

**TITRE** :………………………………………………………………..

Genre :………………………………………………………………
Date : ………. /………. /……….
Editeur :……………………………………………………………
Plateforme :………………………………………………………
Consoles/PC/Virtuel :…………………………………………
Public légal : ………. ans    Public conseillé : ………. ans
Niveau :……………………………………………………………..
Durée : ………. H ……….
Nombre de Joueurs : ……….
Lien Site Internet :……………………………………………..
Accessoires :……………………………………………………..
………………………………………………………………………….
Produits dérivés :……………………………………………….
………………………………………………………………………….
………………………………………………………………………….
………………………………………………………………………….
………………………………………………………………………….
NOTE : ………. / 10

ASTUCES :……………………………………………………………

………………………………………………………………………………..
………………………………………………………………………………..
………………………………………………………………………………….
…………………………………………………………………………………..
…………………………………………………………………………………..
…………………………………………………………………………………..
…………………………………………………………………………………..
…………………………………………………………………………………..
………………………………………………………………………………….
…………………………………………………………………………………..
…………………………………………………………………………………..
…………………………………………………………………………………..
………………………………………………………………………………….
…………………………………………………………………………………..

Les Plus :………………………………………………………………
………………………………………………………………………………….

Les Moins …………………………………………………………….
………………………………………………………………………………..

**TITRE** : ................................................................

Genre : ...............................................................

Date : ………. /………. /……….

Editeur : .............................................................

Plateforme : .......................................................

Consoles/PC/Virtuel : ........................................

Public légal : ………. ans   Public conseillé : ………. ans

Niveau : ..............................................................

Durée : ………. H ……….

Nombre de Joueurs : ……….

Lien Site Internet : ............................................

Accessoires : ......................................................
..............................................................................

Produits dérivés : ...............................................
..............................................................................
..............................................................................
..............................................................................
..............................................................................

NOTE : ………. / 10

ASTUCES :………………………………………………………………………

………………………………………………………………………………………

………………………………………………………………………………………

…………………………………………………………………………………………

……………………………………………………………………………………………

……………………………………………………………………………………………

……………………………………………………………………………………………

……………………………………………………………………………………………

……………………………………………………………………………………………

……………………………………………………………………………………………

……………………………………………………………………………………………

……………………………………………………………………………………………

……………………………………………………………………………………………

……………………………………………………………………………………………

Les Plus :………………………………………………………………………

………………………………………………………………………………………

Les Moins ………………………………………………………………………

………………………………………………………………………………………

**TITRE** :......................................................................

Genre :.............................................................................
Date : ………. /………. /……….
Editeur :...........................................................................
Plateforme :....................................................................
Consoles/PC/Virtuel :....................................................
Public légal : ………. ans      Public conseillé : ………. ans
Niveau :............................................................................
Durée : ………. H ……….
Nombre de Joueurs : ……….
Lien Site Internet :..........................................................
Accessoires :...................................................................
.........................................................................................
Produits dérivés :............................................................
.........................................................................................
.........................................................................................
.........................................................................................
.........................................................................................
NOTE : ………. / 10

ASTUCES :……………………………………………………………………
……………………………………………………………………………………….
……………………………………………………………………………………….
………………………………………………………………………………………..
………………………………………………………………………………………
……………………………………………………………………………………….
……………………………………………………………………………………….
………………………………………………………………………………………
………………………………………………………………………………………
………………………………………………………………………………………
………………………………………………………………………………………
……………………………………………………………………………………..
………………………………………………………………………………………

Les Plus :………………………………………………………………….
……………………………………………………………………………………….
Les Moins ………………………………………………………………
………………………………………………………………………………………

**TITRE** :....................................................................

Genre :.........................................................................
Date : ………. /………. /……….
Editeur :.......................................................................
Plateforme :................................................................
Consoles/PC/Virtuel :.................................................
Public légal : ………. ans    Public conseillé : ………. ans
Niveau :........................................................................
Durée : ………. H ……….
Nombre de Joueurs : ……….
Lien Site Internet :......................................................
Accessoires :...............................................................
........................................................................................
Produits dérivés :........................................................
........................................................................................
........................................................................................
........................................................................................
........................................................................................
NOTE : ………. / 10

ASTUCES :……………………………………………………………………

……………………………………………………………………………………….

……………………………………………………………………………………….

……………………………………………………………………………………….

………………………………………………………………………………………..

……………………………………………………………………………………….

……………………………………………………………………………………….

……………………………………………………………………………………….

……………………………………………………………………………………….

……………………………………………………………………………………….

……………………………………………………………………………………….

……………………………………………………………………………………….

……………………………………………………………………………………….

……………………………………………………………………………………….

Les Plus :………………………………………………………………………

……………………………………………………………………………………….

Les Moins ………………………………………………………………………

……………………………………………………………………………………….

**TITRE :**................................................................................

Genre :...........................................................................

Date : ………. /………. /……….

Editeur :.........................................................................

Plateforme :..................................................................

Consoles/PC/Virtuel :..................................................

Public légal : ………. ans    Public conseillé : ………. ans

Niveau :..........................................................................

Durée : ………. H ……….

Nombre de Joueurs : ……….

Lien Site Internet :......................................................

Accessoires :................................................................
................................................................................

Produits dérivés :........................................................
................................................................................
................................................................................
................................................................................
................................................................................

NOTE : ………. / 10

ASTUCES :………………………………………………………………………
………………………………………………………………………………………
………………………………………………………………………………………
………………………………………………………………………………………
………………………………………………………………………………………
………………………………………………………………………………………
………………………………………………………………………………………
………………………………………………………………………………………
………………………………………………………………………………………
………………………………………………………………………………………
………………………………………………………………………………………
………………………………………………………………………………………
………………………………………………………………………………………
………………………………………………………………………………………

Les Plus :……………………………………………………………………
………………………………………………………………………………………
Les Moins ……………………………………………………………………
………………………………………………………………………………………

**TITRE** :.......................................................................................

Genre :...........................................................................................
Date : ………. /………. /……….
Editeur :.........................................................................................
Plateforme :..................................................................................
Consoles/PC/Virtuel :....................................................................
Public légal : ………. ans     Public conseillé : ………. ans
Niveau :..........................................................................................
Durée : ………. H ……….
Nombre de Joueurs : ……….
Lien Site Internet :........................................................................
Accessoires :.................................................................................
.......................................................................................................
Produits dérivés :..........................................................................
.......................................................................................................
.......................................................................................................
.......................................................................................................
.......................................................................................................
NOTE : ………. / 10

ASTUCES :……………………………………………………………………

………………………………………………………………………………………

………………………………………………………………………………………

………………………………………………………………………………………

………………………………………………………………………………………

………………………………………………………………………………………

………………………………………………………………………………………

………………………………………………………………………………………

………………………………………………………………………………………

………………………………………………………………………………………

………………………………………………………………………………………

………………………………………………………………………………………

………………………………………………………………………………………

………………………………………………………………………………………

Les Plus :……………………………………………………………………

………………………………………………………………………………………

Les Moins ……………………………………………………………………

………………………………………………………………………………………

**TITRE** :....................................................................................

Genre :..................................................................................
Date : ………. /………. /……….
Editeur :................................................................................
Plateforme :..........................................................................
Consoles/PC/Virtuel :............................................................
Public légal : ………. ans    Public conseillé : ………. ans
Niveau :.................................................................................
Durée : ………. H ……….
Nombre de Joueurs : ……….
Lien Site Internet :................................................................
Accessoires :..........................................................................
...............................................................................................
Produits dérivés :..................................................................
...............................................................................................
...............................................................................................
...............................................................................................
...............................................................................................
NOTE : ………. / 10

ASTUCES : ……………………………………………………………………

………………………………………………………………………………………….

………………………………………………………………………………………….

………………………………………………………………………………………….

………………………………………………………………………………………….

………………………………………………………………………………………….

………………………………………………………………………………………….

………………………………………………………………………………………….

………………………………………………………………………………………….

………………………………………………………………………………………….

………………………………………………………………………………………….

………………………………………………………………………………………….

………………………………………………………………………………………….

………………………………………………………………………………………….

Les Plus : ……………………………………………………………………

………………………………………………………………………………………….

Les Moins ……………………………………………………………………

………………………………………………………………………………………….

**TITRE :**……………………………………………………………………..

Genre :………………………………………………………………………
Date : ………. /………. /……….
Editeur :……………………………………………………………………
Plateforme :………………………………………………………………
Consoles/PC/Virtuel :……………………………………………….
Public légal : ………. ans    Public conseillé : ………. ans
Niveau :……………………………………………………………………..
Durée : ………. H ……….
Nombre de Joueurs : ……….
Lien Site Internet :……………………………………………………
Accessoires :…………………………………………………………….
……………………………………………………………………………………
Produits dérivés :………………………………………………………
……………………………………………………………………………………
……………………………………………………………………………………
……………………………………………………………………………………
……………………………………………………………………………………

NOTE : ………. / 10

ASTUCES :……………………………………………………………………
……………………………………………………………………………………….
……………………………………………………………………………………….
………………………………………………………………………………………..
………………………………………………………………………………………...
………………………………………………………………………………………….
…………………………………………………………………………………………..
…………………………………………………………………………………………..
………………………………………………………………………………………….
………………………………………………………………………………………….
………………………………………………………………………………………….
………………………………………………………………………………………….
………………………………………………………………………………………….

Les Plus :……………………………………………………………………
………………………………………………………………………………………….
Les Moins ……………………………………………………………………
………………………………………………………………………………………….

**TITRE** :................................................................

Genre :..................................................................
Date : ………. /………. /……….
Editeur :................................................................
Plateforme :..........................................................
Consoles/PC/Virtuel :............................................
Public légal : ………. ans     Public conseillé : ………. ans
Niveau :.................................................................
Durée : ………. H ……….
Nombre de Joueurs : ……….
Lien Site Internet :................................................
Accessoires :.........................................................
................................................................................
Produits dérivés :..................................................
................................................................................
................................................................................
................................................................................
................................................................................

NOTE : ………. / 10

ASTUCES : ……………………………………………………………………
……………………………………………………………………………………
……………………………………………………………………………………
……………………………………………………………………………………
……………………………………………………………………………………
……………………………………………………………………………………
……………………………………………………………………………………
……………………………………………………………………………………
……………………………………………………………………………………
……………………………………………………………………………………
……………………………………………………………………………………
……………………………………………………………………………………
……………………………………………………………………………………
……………………………………………………………………………………

Les Plus : ………………………………………………………………………
……………………………………………………………………………………

Les Moins ………………………………………………………………………
……………………………………………………………………………………

**TITRE** :…………………………………………………………………..

Genre :……………………………………………………………………

Date : ………. /………. /……….

Editeur :…………………………………………………………………

Plateforme :……………………………………………………………

Consoles/PC/Virtuel :………………………………………………

Public légal : ………. ans    Public conseillé : ………. ans

Niveau :………………………………………………………………….

Durée : ………. H ……….

Nombre de Joueurs : ……….

Lien Site Internet :…………………………………………………

Accessoires :…………………………………………………………
……………………………………………………………………………

Produits dérivés :……………………………………………………
……………………………………………………………………………
……………………………………………………………………………
……………………………………………………………………………
……………………………………………………………………………

NOTE : ………. / 10

ASTUCES :……………………………………………………………………

………………………………………………………………………………………

………………………………………………………………………………………

………………………………………………………………………………………

………………………………………………………………………………………

………………………………………………………………………………………

………………………………………………………………………………………

………………………………………………………………………………………

………………………………………………………………………………………

………………………………………………………………………………………

………………………………………………………………………………………

………………………………………………………………………………………

………………………………………………………………………………………

………………………………………………………………………………………

Les Plus :……………………………………………………………………

………………………………………………………………………………………

Les Moins ……………………………………………………………………

………………………………………………………………………………………

**TITRE :**………………………………………………………………….

Genre :……………………………………………………………………
Date : ………. /………. /……….
Editeur :…………………………………………………………………
Plateforme :……………………………………………………………
Consoles/PC/Virtuel :………………………………………………
Public légal : ………. ans     Public conseillé : ………. ans
Niveau :…………………………………………………………………..
Durée : ………. H ……….
Nombre de Joueurs : ……….
Lien Site Internet :……………………………………………………
Accessoires :……………………………………………………………
……………………………………………………………………………….
Produits dérivés :………………………………………………………
……………………………………………………………………………….
……………………………………………………………………………….
……………………………………………………………………………….
……………………………………………………………………………….
NOTE : ………. / 10

ASTUCES : ................................................................................
............................................................................................
............................................................................................
............................................................................................
............................................................................................
............................................................................................
............................................................................................
............................................................................................
............................................................................................
............................................................................................
............................................................................................
............................................................................................
............................................................................................

Les Plus : ..............................................................................
............................................................................................

Les Moins ............................................................................
............................................................................................

***Carnets précédents :***

Carnet magique (VIII2021)

Carnet de Lectures (VIII 2021)

Carnet du 7ème Art (VIII2021)